Gina Ruck-Pauquèt
Träume auf vier Pfoten

Gina Ruck-Pauquèt

Träume auf vier Pfoten

Katzen-Gutenachtgeschichten

Mit Bildern von
Bernhard Oberdieck

Patmos

Gina Ruck-Pauquèt ist Psychologin und schreibt seit vielen Jahren erfolgreich Bücher für Kinder. Im Patmos-Kinderbuch ist zuletzt ihre Geschichtensammlung »In jedem Wald ist eine Maus, die Geige spielt« erschienen.

Bernhard Oberdieck studierte Lithographie und Grafik. Er arbeitete als Kunsterzieher und in Werbeagenturen, bevor er frei schaffender Illustrator wurde. Seit über zwei Jahrzehnten hat er zahlreiche Bücher für deutsche und ausländische Verlage illustriert und genießt internationale Anerkennung.

Die Deutsche Bibliothek – CIP-Einheitsaufnahme
Ruck-Pauquèt, Gina:
Träume auf vier Pfoten: Katzen-Gutenachtgeschichten /
Gina Ruck-Pauquèt.
Mit Bildern von Bernhard Oberdieck. –
Düsseldorf: Patmos, 2002
ISBN 3-491-37460-X

© 2002 Patmos Verlag Düsseldorf
Alle Rechte, einschließlich derjenigen des auszugsweisen
Abdrucks sowie der fotomechanischen und elektronischen
Wiedergabe, vorbehalten.
Einband und Innenillustrationen: Bernhard Oberdieck
Satz: Fotosatz Moers, Mönchengladbach
Gesamtherstellung: fgb · freiburger graphische betriebe
ISBN 3-491-37460-X
www.patmos.de

Inhalt

Die Katze ohne Schnurr

Es war einmal eine Katze, die sah aus wie andere
Katzen auch. Sie hatte vier Beine, einen Schwanz,
einen Kopf mit zwei Ohren dran und kugelrunde
gelbe Augen.

Und sicher hatte sie auch eine Seele. Bestimmt
sogar. Nur sieht man das ja von außen nicht. Aber
etwas fehlte ihr: Sie konnte nicht schnurren!

Und weil die Katze nicht schnurren konnte, wollte sie keiner haben. Wozu hat man schließlich
eine Katze? Damit sie einem auf dem Schoß sitzt,
wenn es dämmerig wird. Und dann will man, dass
sie schnurrt, nicht wahr?

Was nun so ein Schnurr eigentlich ist, das weiß
niemand. Aber er ist von der Natur in jede an-
ständige Katze eingebaut. Nur diese Katze also
schien keinen Schnurr zu haben.

Und darum lebte sie im Tierheim. Leute kamen
und suchten sich Katzen aus. Und es geschah, dass

alle Katzen ein neues Zuhause fanden. Nur die eine Katze, die, die nicht schnurren konnte, blieb allein zurück.

Da langweilte sie sich sehr und kriegte ein ganz trauriges Gesicht.

An einem trüben Herbsttag kam eine Frau ins Tierheim.

„Heute hab ich Geburtstag", sagte die Frau, „und ich wünsche mir eine Katze, die für immer bei mir bleibt."

„Ach!" Der Tierpfleger seufzte. „Nehmen Sie doch lieber einen Hund. Oder einen gelben Kanarienvogel."

Die Frau aber schüttelte den Kopf. Sie wollte eine Katze und sonst nichts.

Da zeigte der Tierpfleger ihr die Katze mit dem traurigen Gesicht.

„Die schnurrt nicht", sagte er. „Sie werden sie nicht wollen."

„Warum sollte sie auch schnurren?", sagte die Frau. „Um zu schnurren, muss man sich wohl fühlen, nicht wahr? Und außerdem", setzte sie hinzu, „kann ich nicht singen. Nicht einen Ton. Da geht es mir doch so ähnlich wie der Katze, oder?"

Sie drückte ihre Nase auf die Nase der Katze, strich ihr übers Fell und nahm sie mit.

Als sie zu Hause ankamen, machte die Frau Feuer im Ofen. Sie briet zwei kleine Schnitzel, eines für sich und eines für die Katze, und legte eine Schallplatte auf.

Ganz sanfte Musik erklang. Als sie gegessen hatten, war das Gesicht der Katze nicht mehr so traurig. Und die Frau lächelte und zündete eine Geburtstagskerze an.

„Hör zu", sagte sie, „ich will dir etwas erzählen: Es war einmal eine Katze, die sah aus wie andere Katzen auch. Sie hatte vier Beine, einen Schwanz, einen Kopf mit zwei Ohren dran und kugelrunde gelbe Augen.

Und sicher hatte sie auch eine Seele. Bestimmt sogar. Nur sieht man das ja von außen nicht. Aber etwas fehlte ihr: Sie konnte nicht schnurren. Und das lag daran, dass sie eine unglückliche Katze war. Nie hatte jemand sie so richtig lieb gehabt.

Doch eines Tages", erzählte die Frau weiter, „änderte sich das. Da kam eine Frau. Sie drückte ihre Nase auf die Nase der Katze, streichelte sie und nahm sie mit sich. Und schon nach fünf Minuten fing sie an die Katze lieb zu haben. Und sie hatte sie immer ein bisschen mehr lieb, mehr und mehr und immer noch ein bisschen mehr."

Die Katze schaute die Frau an, groß und gelb waren ihre Augen. Und auf einmal begann sie ganz, ganz leise zu schnurren. So leise wie der Gesang eines Schmetterlings vielleicht. Und dann schnurrte sie ein bisschen mehr, und immer noch ein bisschen mehr.

„Oh, wie schön", sagte die Frau.

Und sie dachte: Wer weiß, vielleicht kann ich eines Tages auch singen!

Das Katzencafé

Das Fräulein Mathilde hatte ein Café mit acht Tischen. Es war ein hübsches Café, und es gefiel den Leuten gut.

Nun lebte das Fräulein Mathilde aber mit einer taubengrauen Katze namens Mo-Moll zusammen. Und wegen dieser Katze gab es Schwierigkeiten.

Die meisten Leute fanden Mo-Moll ja nett. Sie versuchten sie anzulocken und wollten sie streicheln. Ihnen gegenüber zeigte sich die Katze aber gleichgültig.

Es zog sie zu den Leuten, die sie nicht mochten. Sie schnurrte ihnen um die Beine oder sprang auf ihren Schoß. Da gab es dann Geschrei und Beschwerden. Fräulein Mathilde schwieg dazu.

Warum aber Mo-Moll ausgerechnet die Leute bevorzugte, die sie ablehnten oder die sich gar vor ihr fürchteten, bleib ein Rätsel. Vielleicht wollte sie sie überzeugen, dass sie eine besonders nette

11

Katze war. Vielleicht wollte sie sie auch vergraulen. Die Katzengegner wurden jedenfalls immer ärgerlicher.

„Die Katze muss weg!", sagten sie. „Eine Katze in einem Café gehört sich nicht!"

Das Fräulein Mathilde blickte Mo-Moll an. Mo-Moll schien zu grinsen.

„Die Katze bleibt", sagte Fräulein Mathilde leise und freundlich. „Nach einer alten Sage", fuhr sie fort, „fürchten sich nur solche Menschen vor einer Katze, die in ihrem früheren Leben Ratten waren."

Da wurden die Leute sehr böse. Sie schimpften und gingen und kamen nie mehr wieder. Dem Fräulein Mathilde hat das aber gar nichts ausgemacht, denn alle Katzenfreunde der ganzen Stadt besuchten nun ihr Café.

Mo-Moll ging von einem zum anderen, denn jeder wollte sie streicheln. Und als es ihr zu viel wurde, da kriegte sie sieben Junge. Da gab es dann in Fräulein Mathildes Café acht Katzen – eine für jeden Tisch.

Morgens schleiche ich durchs Gras,
Tau macht meine Pfoten nass.

Mittags lade ich die Maus
Zu Besuch ein in mein Haus.

Abends angle ich im See,
Wo ich bunte Fischlein seh.

Aber nachts beim Mondenschein
Tanze ich auf einem Bein.

Tanze immer rundherum,
Wenn ich müd' bin, fall ich um.

Eine Katze ist für immer

Zilly will eine Katze.

„Eine kleine", sagt sie. „Ich könnte so schön mit ihr spielen."

„Wenn sie Lust dazu hat." Die Mama schneidet den Sonntagskuchen an. „Manchmal mögen Katzen auch allein sein und ihre Ruhe haben."

„Klar", sagt Zilly, „das merk ich doch!"

„Eine Katze macht Arbeit." Der Papa gießt Kaffee ein. „Sie muss gefüttert werden und gebürstet. Sie braucht Impfungen und im Winter, wenn sie nicht in den Garten geht, braucht sie ein Katzenklo."

„Das mach ich dann immer sauber", sagt Zilly eifrig und gießt Milch in ihren Kaffee.

„Eine Katze schärft sich die Krallen an den Polstermöbeln", sagt die Mama.

„Auch, wenn sie raus kann?", fragt Zilly.

„Auch dann." Der Papa hat einen Kaffeefleck auf das Tischtuch gemacht.

14

„Krank werden wird sie auch mal." Die Mama stellt die Zuckerdose auf den Kaffeefleck.

„Dann pflege ich sie", sagt Zilly. „Und ich bring sie auch zum Tierarzt."

„Na ja", der Papa kaut, „verreisen kann man auch nicht mehr, wann man will. Man braucht immer jemanden, der bei der Katze bleibt."

Zilly nickt. Darüber muss sie nachdenken.

„Und wenn man in eine andere Stadt umzieht, muss man ein Haus suchen, in dem Katzen erlaubt sind", fällt der Mama ein.

„Sie wird Lampen umwerfen und Blumenvasen." Der Papa isst schon das zweite Kuchenstück.

„Und sie wird mit schmutzigen Pfoten auf das helle Sofa springen", sagt die Mama. „Die Flecken werd ich nie mehr rauskriegen."

„Sie wird im Bett schlafen wollen", befürchtet der Papa.

„Oh ja!" Die Mama seufzt. „Alles wird voller Katzenhaare sein."

„Sie wird springen und hüpfen und schmusen und schnurren und uns lieb haben", sagt Zilly.

Vor lauter Aufregung zerkrümelt sie den Kuchen mit der Gabel.

„Wenn es regnet, wird sie auf der Fensterbank sitzen und sich langweilen." Der Papa nimmt sich das dritte Kuchenstück. Die Mama schaut ihn an.

„Dann werd ich ihr Geschichten erzählen", verspricht Zilly.

„Und Mäuse wird sie reinbringen! Wenn wir Glück haben, sind sie tot!" Darauf kommt natürlich der Papa. „Flöhe hat sie auch."

Die Mama nickt.

„Aber vor allem eins: Was die Katze auch immer tut, sie wird zu uns gehören. Sie ist kein Spielzeug, das man holt und wieder wegstellt. Eine Katze ist für immer."

Darüber sind sie sich einig, der Papa, die Mama und Zilly.

Und morgen gehen sie ins Tierheim und suchen sich ihre Katze aus.

Tipsy holt die Feuerwehr

Im Frühling machen die Vögel einen tollen Lärm.
Dann sitzt Kater Mumpf am Fenster. Er schlägt
mit dem Schwanz und kommt nicht zur Ruhe.
„Stopf dir Watte in die Ohren", sagte Tipsy einmal.
Aber das wollte der Kater Mumpf nicht.
„Geh ein wenig mit Mumpf spazieren", schlug
Tante Josefin vor. „Dann kommt er auf andere Ge-
danken."
„Komm", sagte Tipsy und lief mit Mumpf hinaus.
Aber der Kater Mumpf kam nicht auf andere Ge-
danken.
„Riechst du den Blütenduft zwischen dem Ben-
zin?", fragte Tipsy. „Und alle Leute lächeln ein
bisschen, siehst du?"
Dann merkte sie, dass Mumpf gar nicht mehr da
war.
„Mumpf?", rief sie und drehte sich einmal um sich
selbst. „Mumpf!"

17

Neben Tipsy stand ein dicker, alter Baum. Der trug sein frisches Laub wie grüne Spitzen. Und ganz oben in dem dicken, alten Baum hatte ein Vogel gesessen. Jetzt saß der Kater Mumpf da und der Vogel war fort.

Tipsy lachte. „Du bist dumm", sagte sie. „Die Vögel können doch fliegen!"

Mumpf schaute sie nicht an. Möglich, dass ihm die Sache peinlich war.

„Komm jetzt!", meinte Tipsy dann. „Komm runter!"

Aber der Kater Mumpf kam nicht.

Da holte Tipsy Tante Josefin.

„Mumpf!", rief Tante Josefin. „Sei nicht albern!"

Doch Mumpf bewegte sich nicht einmal. „Er kann nicht mehr herunter", sagte Tante Josefin.

„Mumpf sitzt oben im Baum", teilte Tipsy dem Zeitungsjungen mit. „Er kann nicht mehr herunter."

Da stellte der Zeitungsjunge seine Tasche ab und kletterte hinauf. Doch ganz oben waren die Äste zu dünn. Sie trugen ihn nicht. So musste er wieder zurück. Schon blieben die Leute stehen. Sie alle kannten den Kater Mumpf.

„Der arme Mumpf!, sagten sie. Aber helfen konnten sie ihm auch nicht.

„Die Feuerwehr muss kommen", entschied der Polizist von der Ecke.

Tipsy rannte los. „Mumpf sitzt auf dem Baum", erklärte sie den Feuerwehrmännern. „Er kann nicht mehr runter!"

„Wer ist Mumpf?", fragten die Feuerwehrmänner.

Da machte Tipsy große Augen. Dass es jemanden gab, der Mumpf nicht kannte!

Die Männer fuhren mit dem Feuerwehrwagen los und Tipsy durfte mit. Unterwegs hielten alle Autos an.

„Platz da!", riefen die Feuerwehrmänner, als sie den Baum erreicht hatten. Dann stellten sie ihre große Leiter auf.

In diesem Augenblick beschloss Mumpf, vom Baum herunterzukommen. Leichtpfotig kletterte er den Stamm herab.

„Miau!", sagte er. Da stand er schon neben Tipsy.

Die Männer von der Feuerwehr wurden ärgerlich. „Warum sind wir hergekommen?", wollten sie wissen.

Tipsy streichelte den Kater. „Das ist doch ganz einfach", sagte sie, „um Mumpf kennen zu lernen."

Katzen, süße Fratzen,
Wo sind sie zu Haus?
Ziehen sie nachts die Pelzmäntel aus?
Und warum sitzen sie auf dem Dach?
Denken sie nach?
Über Mäuseschwänze?
Tanzen sie Tänze?
Im Mondenschein?
Und können Katzen traurig sein?
Warum sind ihre Krallen krumm?
Wo sind sie dann,
Wenn man sie gar nicht finden kann?
Vielleicht ganz fern?
Auf einem winzig kleinen Stern?
Wie zünden sie ihre Lampen an?
Die Lampenaugen. Mit einem Span?
Was träumen sie?
Und warum lachen sie eigentlich nie?
Ob sie ein Taschentuch bei sich tragen?
Man müsste die Katzen mal einiges fragen!

Wintergeschichte

Es war Winter. Der Mann und die Frau saßen in der warmen Stube und schauten hinaus. In der Birke hockte ein Rabe und schrie. Zwischen den Sträuchern strich eine Katze herum. Die Katze war mager. Ihr grau-weißes Fell sah struppig aus.

In der Nacht fiel Schnee. Am anderen Tag sahen der Mann und die Frau die Fußspuren der Katze. Sie führten bis zu ihrer Tür. Die Katze konnten sie nicht entdecken. Aber sie musste in der Nähe sein.

Es schneite den ganzen Tag. Als es dämmerig wurde, saß die Katze unter dem Holunderstrauch. Aus halb geschlossenen Augen blickte sie zum Haus hinüber. Die Frau schaute den Mann an. Der Mann füllte Fleischreste in eine Schüssel und stellte die Schüssel vor die Tür.

In der Nacht wachte die Frau auf. Sie glaubte, jemand habe nach ihr gerufen. Aber es war nichts.

21

Am anderen Morgen war die Schüssel leer. Es hatte aufgehört zu schneien. Die Sonne schien. Mittags schrie der Rabe. Die Katze musste noch im Garten sein.

Am Abend kam der Frost. Eiszapfen hingen an der Dachrinne. Der Schnee funkelte wie tausend Diamanten. Als der Mond aufstieg, erkannten sie die Katze unter dem Holunderstrauch. Sie sah sehr klein aus. Sie fror.

Der Mann und die Frau blickten sich an. Dann öffnete die Frau die Tür. Sie warteten. Nach einer Weile kam die Katze herein. Sie blinzelte im Licht. Langsam und ganz vorsichtig ging sie durch den Raum. Dann setzte sie sich unter den Herd. Sie schloss die Augen bis auf einen Spalt und fing an zu schnurren.

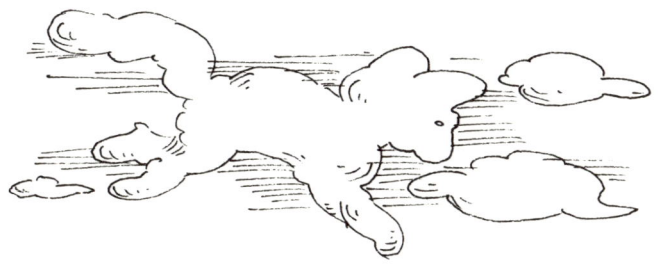

Die Wolkenkatze

Die Katze ist weiß und hat ein wuscheliges Fell.
Nichts und niemand auf der Welt liebt Robert so
sehr wie seine Katze.

„Schneeflöckchen" nennt er sie, „Prinzessin",
„Schnurri-Murri" und „Holunderblüte".

Und immer schaut er nach ihr. Schließlich ist sie
noch jung. Da muss man aufpassen. Aber natürlich darf man sie nicht ständig anfassen. Das würde ihr bloß auf die Nerven gehen. Robert weiß
das.

„Und manchmal mag sie auch allein im Garten
laufen", hat die Mama gesagt, „oder sich verste-
cken oder träumen."

Das sieht Robert auch ein. Dass sie aber so lange
allein sein will, das kommt ihm schon etwas seltsam vor.

„Mama", sagt Robert, „meinst du, dass ihr etwas
passiert ist?"

„Nein." Die Mama schaut auf die Uhr. „Sie ist erst eine halbe Stunde weg. Lass sie."

Das macht Robert auch. Aber irgendwann fängt er doch an zu suchen. Überall im hohen Gras sucht er und unter den Sträuchern.

„Mama", sagt Robert, „sie ist wirklich nicht da."

„Vielleicht ist sie in einen Nachbargarten gelaufen", sagt die Mama. „Sie wird schon wiederkommen. So klein ist sie schließlich auch nicht mehr."

„Und wenn da ein Hund ist?", sagt Robert. „Was soll ich nur machen?".

Es klingt sehr verzweifelt.

„Mach gar nichts." Die Mama wendet sich dem Abendessen zu. „Warte ab."

Es dämmert schon. Da legt sich Robert mitten in die Wiese und schaut zum Himmel empor. Der Wind treibt die weißen Wolken vor sich her. Ganz gemächlich ziehen sie.

Und Robert schaut und schaut, und weil er ein bisschen müde wird, fallen ihm fast die Augen zu. Aber nur fast. Sonst hätte er ja auch seine Katze nicht gesehen.

Seine Katze ist nämlich auf einmal da oben am Himmel! Das klingt komisch, ist aber trotzdem wahr. Robert sieht sie ganz deutlich. Weiß und wuschelig, mit ihrem buschigen Schwanz, zieht sie über ihm dahin.

„Schneeflöckchen!", schreit Robert. „Schneeflöckchen, du musst sofort runterspringen! Da über der Birke spring ab! Dann fällst du nicht so tief. – Mama!", schreit Robert dann und rennt ins Haus. „Die Katze! Die Katze schwebt am Himmel! Komm schnell!"

So etwas hat die Mama natürlich auch noch nie erlebt. Also rennt sie mit hinaus.

Aber am Himmel ist keine Katze. Dafür steigt in diesem Augenblick Schneeflöckchen – Prinzessin – Schnurri-Murri – Holunderblüte in aller Seelenruhe von der Birke herunter.

„Himmelswölkchen!", schreit Robert. „Sie ist wirklich auf der Birke gelandet!", ruft er seiner Mama noch zu.

Dann läuft er los und umarmt seine Katze.

Was ich gerne tu?
Das Spiel heißt: Ich bin.
Ich setze mich hin,
Mach die Augen zu.

Schon versinkt die Welt,
Baum und Haus und Mann.
Und ich träum sie dann
Neu, wie's mir gefällt:

Tausend und ein Stern
Fallen in den See.
Rosenblätterschnee
Bringt der Wind von fern.

Vogelsinfonie
Träum ich – Mäusetanz.
Und es schlägt mein Schwanz
Takt zur Melodie

Summe vor mich hin.
Katzenschnurrelied.
Oh, wie werd ich müd!
Ob ich glücklich bin?

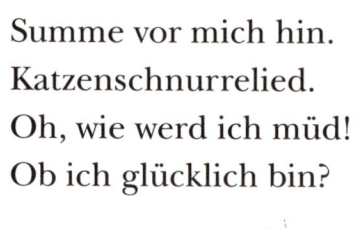

Ein Zuhause für die Katze

An einem späten Abend, als der kleine Zoowärter
noch seinen Rundgang machte, sah er eine klei-
ne, geduckte Gestalt unter dem Kastanienbaum.
„Hallo!", rief er. „Wer sitzt denn da?"
„Ich", antwortete die Gestalt. „Komm aber nicht
näher, ich bin furchtbar ängstlich."
„Warum?", wollte der kleine Zoowärter wissen. In
einigem Abstand hockte er sich auf den Boden.
„Weil mir dauernd was Schlimmes passiert", sagte
das Tier. „Mein rechtes Ohr ist geschlitzt und vom
Schwanz fehlt mir auch ein Stück."
„Möglicherweise wäre es besser, du bliebest zu
Hause", meinte der kleine Zoowärter.
Er dachte, dass das Tier vielleicht ein Hündchen
war. Doch da öffnete es in der Dunkelheit seine
Augen. Und die Augen leuchteten und glühten,
wie es das nur bei Katzen gibt.
„Ich hab kein Zuhause", sagte die Katze.

Der kleine Zoowärter fand das traurig.

„Sicher hast du Hunger", sagte er. „Darf ich dir etwas Schokoladenpudding anbieten? Den hab ich mir vorhin gekocht."

„Pah!", sagte die Katze. „Um Hunger geht es hier nicht. Es geht um Zugehörigkeit."

Der kleine Zoowärter dachte nach.

„Na ja", meinte er schließlich, „vielleicht könntest du ein wenig zu mir gehören, wenn du das willst. Dann müsstest du aber etwas näher kommen."

„Komm du", schlug die Katze vor. „Halt!", schrie

sie, als der kleine Zoowärter sie fast erreicht hatte.
Erst nach einer Stunde durfte er endlich neben
ihr sitzen. Nach zwei Stunden erlaubte sie ihm, sie
zu streicheln.

„Ich könnte nachsehen, ob ein Käfig für dich frei
ist", sagte der kleine Zoowärter.

„Wo denkst du hin!", mauzte die Katze. „Ich bin
eine Katze! Ich will nicht eingesperrt sein!"

Sie drückte sich an den kleinen Zoowärter und
schnurrte.

Von nun an kam die Katze jeden Abend. Sie blieb
eine Weile, dann ging sie wieder ihrer Wege. Aber
der kleine Zoowärter und sie wussten, dass sie zu-
sammengehörten.

Das Ende des Tunnels

Martina ging die Treppe hinauf. Sonst hatte sie immer zwei Stufen auf einmal genommen. Jetzt ging sie langsam. Ihre Hand glitt über das Treppengeländer. Im Haus roch es nach grünen Bohnen und Speck. Martina schluckte. Sie hatte keinen Hunger. Der Gedanke an Essen ekelte sie eher an.

„Du bist in der letzten Zeit sehr unaufmerksam", hatte die Lehrerin gesagt. „So geht das nicht weiter. Was ist los mit dir?"

Martina hatte sie angesehen und das vertraute Gesicht war ihr auf einmal sehr fremd geworden. „Ach nichts", hatte sie gesagt. „Nichts."

Jetzt hatte Martina die Wohnungstür erreicht. Da sah sie plötzlich die kleine schwarze Katze. Nie zuvor war eine Katze im Haus gewesen. „Wohin gehörst du denn?", fragte Martina.

Das Tierchen stellte den Schwanz hoch und strich

schnurrend um Martinas Beine. Martina klingelte. Sie klingelte, obschon sie wusste, dass niemand da war. Dann kramte sie in ihrer Manteltasche nach dem Schlüssel, den Mutter ihr heute Morgen gegeben hatte. Die Katze lief mit ihr in die Wohnung. Das Frühstücksgeschirr stand noch im Spülbecken und die Azalee auf der Fensterbank ließ die Blätter hängen. Martina gab ihr Wasser. Dann nahm sie die Katze auf den Arm und öffnete den Kühlschrank. Sie holte das letzte Würstchen heraus und wärmte es. Dann zerschnitt sie es und sah zu, wie es der Katze schmeckte.

„So geht das nicht weiter", klang es noch in ihren Ohren. Die Eltern hatten sich schon wieder gestritten, gestern Abend. Martina setzte sich in den Sessel, die Katze auf dem Schoß. Ihre Hand glitt über das weiche Fell. Das Tierchen drückte den Kopf an ihren Arm. „Ja, ja", sagte Martina.
Und dann konnte sie endlich weinen.
Es musste schon ein paar Mal geklingelt haben, bevor es Martina klar wurde. Sie lief mit der Katze zur Tür. Draußen stand eine fremde Frau. „Den Burschen suche ich ja", lachte sie und zeigte auf das Kätzchen. „Wir sind eure neuen Nachbarn", erklärte sie Martina. „Gestern eingezogen. Ich

dachte mir gleich, Brumm ist zur falschen Tür hineingelaufen."

„Oh", sagte Martina. Sie hielt der Frau den kleinen Kater hin und wischte sich das Gesicht an ihrer rechten Schulter ab. Die Frau zögerte.

„Ob du mir schnell helfen könntest die Gardinen aufzuhängen?" Martina nickte. „Dann sag deiner Mutter Bescheid."

„Ich bin allein", sagte Martina. Sie schloss die Tür hinter sich ab und ging mit der Nachbarin hinüber. Die Wohnung war schon fertig eingerichtet. In einem Topf auf dem Herd brutzelte es, das Radio spielte und auf dem Tisch im Wohnzimmer lagen Zeitungen und eine Pfeife. Brumm lief auf den Balkon hinaus und sah den Regentropfen zu. „Hübsch?", fragte die Frau. Martina nickte. Und auf einmal fing diese blöde Heulerei wieder an. Sie konnte nichts dagegen tun. Es musste damit zusammenhängen, dass hier alles in Ordnung war. So war es sonst zu Hause auch immer gewesen, wenn Martina aus der Schule kam.

„Kann ich dir helfen?", fragte die Frau. Martina schüttelte heftig den Kopf. Sie tupfte sich mit dem Ärmel des Pullovers die Tränen ab. Dann hängten sie zusammen die Gardinen auf.

„Ist deine Mutter berufstätig?"

„Nein", sagte Martina. „Sie ist heute Morgen zur Großmutter gegangen."

Die Frau schwieg.

„Vater und Mutter haben Streit", sagte Martina plötzlich. Sie hatte das gar nicht sagen wollen. Die Frau blickte Martina an.

„Darum hast du geweint."

„Ich will nicht, dass sie miteinander streiten", sagte Martina.

Die Frau nickte. „Ja", meinte sie. „Aber ich glaube, du musst ihnen da vertrauen."

„Es ist nicht richtig, dass sie sich streiten", behauptete Martina.

„Das können wir nicht entscheiden."

Brumm war auf die Stuhllehne geklettert und die Frau streichelte ihn.

„Sie sind bestimmt beide selber traurig", sagte Martina.

Wieder schossen ihr die Tränen in die Augen. Die Frau trat zu ihr hin und legte ihr den Arm leicht um die Schultern. „Sicher wird alles wieder gut werden."

Martina blickte zur ihr auf. Sie erinnerte sich plötzlich, wie sie einmal durch einen langen Tunnel gefahren war. Damals war sie noch klein. Sie hatte sich gefürchtet.

„Gleich wird es wieder hell", hatte Vater gesagt. Sie aber hatte es sich nicht vorstellen können. Doch dann war es tatsächlich hell geworden.

Wenn man noch klein ist, ein Katzenkind

Wenn man noch klein ist, ein Katzenkind,
Dann ist die Welt sehr groß.
Was tut man bloß?
Fängt man den Wind?
Jagt man das Blatt,
Das geraschelt hat?
Oder kugelt man sich im warmen Sand?
Träumt vom Miezekatzenland?

Wenn man noch klein ist, ein Katzenkind,
Dann ist die Welt sehr schön.
Hast du gesehn?
Wie frech die Fliegen sind?
Und dieses Ding
Ist ein Schmetterling?
Und die Blumen gehören alle mir?
Auch das braune Käfertier?

Wenn man noch klein ist, ein Katzenkind,
Dann ist die Welt ganz bunt.
Ist das ein Hund?
Die Spinne spinnt?
Wasser ist nass?
Und warum denn das?
Weshalb schaut der Mond mich so golden an?
Ob ich ihn wohl essen kann?

Das Haus wackelt

Wie ein großer Backofen war der Sommer. Jeden Tag wurde es noch ein bisschen wärmer. Und schließlich war es so heiß, dass der Eismann sein Eis selber aß. Die Blumenliese stellte ihre Füße in einen Eimer mit Wasser, der Zeitungsjunge fächelte sich mit der „Abendpost" Kühlung zu und der Polizist an der Ecke trug einen Eisbeutel in der Hosentasche.

Tipsy und Tante Josefin setzten sich abwechselnd in die Badewanne.

„Oh!", seufzte Tante Josefin. „Wenn es doch nur ein Gewitter gäbe!" Und dann legte sie dem Kater Mumpf eine kalte Kompresse auf den Kopf. Am Mittag war ein winziges Wölkchen am Himmel, am Nachmittag waren es schon viele und gegen Abend wurde es duster und grau.

„Hast du Angst vor Gewitter?", fragte Tante Josefin.

Tipsy schaute Mumpf an.

„Natürlich nicht!", sagte sie dann. „Es soll nur kommen!"

Schon grollte der Donner in der Ferne.

„Brummbär!", lachte Tipsy. „Wenn es näher kommt, schauen wir zum Fenster hinaus."

Tante Josefin rückte zwei Stühle ans Fenster und auf die Fensterbank legte sie ein Kissen für Mumpf. Jetzt war der Himmel schwarz.

„Oh, wie schön!", schrie Tipsy, als der Blitz sein helles Zeichen malte.

„Ein Gewitter ist ein großartiges Naturschauspiel", sagte Tante Josefin. „Es entsteht, indem …" Aber weiter kam sie nicht mehr, denn in diesem Augenblick polterte der Donner über ihren Köpfen hinweg.

„Huch!", schrie Tipsy. „Als wenn einer in einer Wohnung die Möbel durcheinander schmeißt!"

Der Kater Mumpf sprang mit einem großen Satz von der Fensterbank hinunter.

„Feigling!", sagte Tipsy verächtlich.

Aber da flackerte der Blitz vor ihrer Nase herum, dass sie erschrak. Krach!, schlug der Donner hinterher.

„Ein großartiges Naturschauspiel", wiederholte

Tante Josefin. Tipsy schluckte. Dann hielt sie sich schnell die Augen zu.

„Hast du Angst?", fragte Tante Josefin.

„Nein", piepste Tipsy gegen den brüllenden Donner an. „Das Haus wackelt!", rief sie dann.

„Ach was!", meinte Tante Josefin. „Das sind nur deine Knie."

„Vielleicht bin ich müde", fiel es Tipsy ein.

Jetzt waren Blitz und Donner gemeinsam da. „Ja!", schrie Tante Josefin. „Ich auch!" Sie sprangen vom Fenster weg und legten sich schnell ins Bett. Mumpf war schon unter der Bettdecke.

„Im Bett ist man sicher", sagte Tante Josefin. Tipsy nickte.

Im Bett war das Gewitter angenehm. Der Donner war wie ein dicker Mann mit einer Trommel vor dem Bauch. Noch stand er vorm Haus. Aber dann ging er langsam fort. Der Regen prasselte und die Luft war wieder frisch. Hübsch, wie der Blitz seine Striche an den Himmel krakelte.

„Ein Gewitter ist ein großartiges Naturschauspiel", murmelte Tante Josefin müde.

„Ja", antwortete Tipsy. Dann fielen ihr die Augen zu. Morgen scheint die Sonne wieder!, dachte sie noch.

Hell und dunkel

Da war einmal eine Katze, die war immer nur traurig. Der Katze ging es aber trotzdem ziemlich gut dabei. Die Traurigkeit war zwar schwarz, aber auch warm und süß. Und die Katze war auch schwarz und warm, und eine süße Katze war sie obendrein.

Nur die anderen Katzen schüttelten ihre Köpfe und sagten: „Nein, die ist nicht in Ordnung."

Die traurige Katze sah sich Sonnenuntergänge an und sang in den Nächten schwermütige Lieder. Sie umschnurrte die Schatten der Tannenbäume und blickte zu den Sternen empor.

Etwas fehlt mir, dachte sie manchmal. Doch sie wusste nicht, was es war.

Wie das nun so ist, wenn sich jemand anders verhält als die anderen – die Katze kam ins Gerede. Und die Streuner trugen das Gerede hinaus in die Welt.

Da lebte in einem anderen Land ein Kater, der immer nur fröhlich war. Und er war auch so wie seine Fröhlichkeit, hell und leicht und übermütig.

Er sprang zwischen den Blumen umher, schaukelte auf den Birken und sonnte sich. Eigentlich ging es ihm gut. Ab und zu allerdings, wenn er so schwerelos war wie ein Blatt, mit dem der Wind tut, was er eben will, dachte der Kater, dass ihm vielleicht etwas fehlte. Doch was es nun war, das wusste er nicht.

Als er von der traurigen Katze hörte, machte er sich auf, um sie kennen zu lernen. Es war ein weiter Weg und der Kater schnurrte die ganze Zeit.

Endlich, endlich kam er an. Da standen sie sich gegenüber: die Katze, die immer nur traurig war, und der fröhliche Kater. Und die Katze hatte so ein Gefühl, als sei sie erst in diesem Augenblick vollständig geworden. Und der Kater fühlte ebenso.

„Du bist es, der mir gefehlt hat!", sagte die Katze. Und der Kater stammelte: „Ich liebe dich!"

Sie blieben zusammen. Der Kater lauschte den schwermütigen Liedern seiner Katzenfrau. Und die Schwarze betrachtete lächelnd den Kater, der in den Birken schaukelte.

Im Frühjahr bekamen sie Nachwuchs. Es waren zwei Kätzchen und zwei Kater. Schwarz-weiß waren sie und jedes von ihnen konnte fröhlich und traurig sein.

Die Katze Nimmersatt

Ich bin die Katze Nimmersatt,
Für mich ist nichts verboten.
Ich klau mir Wurst und Blattsalat,
Bratfleisch, Pommes frites und Heringsschwanz,
Und nachts geh ich zum Katzentanz
Und schwenke meine Pfoten.

Ich bin die Katze Kugelrund,
Ich fang auch mal ein Mäuschen.
Mein Speiseplan ist kunterbunt,
Hab Käsebrot und Tintenfisch,
Eiscreme und Pudding auf dem Tisch
In meinem Katzenhäuschen.

Ich bin die Katze Schmauseviel,
Und wenn ich einmal platze,
So hatte ich doch Lebensstil.
Bringt mir statt Blumen Hühnerbein
Und tragt in meinen Grabstein ein:
Hier ruht die dicke Katze.

44

Aquariumsgeschichte

Es schwamm einmal eine Katze im Aquarium…
Nein, das stimmt nicht! So fängt die Geschichte
nicht an. Also:

Es saß einmal eine Katze vor dem Aquarium. Es
war eine sehr kleine Katze. Sie hieß Nasi. Im Aquarium schwamm ein blauer Fisch.

„Brr", sagte die kleine Katze zu dem Fisch. Das
hieß: „Komm raus!"

Aber der Fisch dachte nicht daran. Außerdem
verstand er die Katzensprache nicht. Nasi tippte
mit der Pfote gegen das Glas. Der Fisch verspeiste
einen Wasserfloh. Er sah die Katze nicht einmal
an.

Nasi saß ganz still. Dann schlug sie einen Purzel-
baum. Da musste der da drinnen doch Lust krie-
gen mit ihr zu spielen!

Der Fisch machte Luftblasen. Winzige Perlen
stiegen im Wasser hoch. Sie gefielen Nasi sehr.

Natürlich formte der Fisch diese Bällchen extra für sie.

„Brr!", schrie Nasi. Und das hieß diesmal: „Ich komme!"

Sie zog sich am Aquarium hoch und stand für Sekunden auf dem schmalen Rand. Dann schwankte sie ein paar Mal vor und zurück und fiel ins Wasser!

Der Fisch wurde durch den Plumps aus dem Aquarium herausgeschleudert. Er lag nun auf dem Teppich.

Nasi verstand überhaupt nichts. Sie strampelte und schluckte Wasser. Sie nieste und prustete und schrie. Der Rand des Aquariums war hoch oben und das Nasse hielt sie fest. Sie war verloren.

Da öffnete sich die Wohnungstür.

„So was!", sagte der Mann, zu dem Nasi und der blaue Fisch gehörten. Er holte die Katze aus dem Aquarium und setzte dafür den Fisch wieder hinein. Dann wickelte er Nasi in ein Badetuch und packte sie in die Sofaecke. „Es schwamm einmal eine Katze im Aquarium …", erzählte er ihr. Aber da war Nasi schon eingeschlafen.

Einen Hund zähmen

Die Katze war sehr klein. Dabei war sie kein Katzenkind mehr. Sie war nur klein geblieben. Und vielleicht weil sie so klein war, fürchtete sie sich oft. Vor fremden Menschen fürchtete sie sich, vor Gewittern und Flugzeugen, und am meisten fürchtete sie sich vor dem Nachbarshund.

Der Nachbarshund war ein strubbeliger Köter. Eines seiner Ohren war spitz und stand hoch und das andere hing herunter. Und mit dem spitzen Ohr hörte er alles, sogar Katzenschritte. Dabei sind die fast so leise wie Gedanken.

Der Hund hieß Schnuff und die Katze Anemone. Immer wenn Anemone in den Garten kam, schoss Schnuff um die Ecke. Dann blieb der Katze fast das Herz stehen vor Schreck.

Sie rannte davon und versteckte sich hinter den Mülltonnen. Dabei hätte sie so gerne ein wenig im Gras gelegen und sich gesonnt.

Aber es war alle Tage das Gleiche: Schnuff stürzte bellend und knurrend auf sie zu. Und selbst nachts in ihren Träumen hörte Anemone noch sein Hecheln.

„Was hat sie nur?", fragten sich Anemones Menschen. „Es ist, als ob sie immer kleiner würde."

Anemone erzählte ihnen von Schnuff. Mit ihren Blicken erzählte sie, mit ihrem ganzen Körper und mit ihrer traurigen kleinen Stimme.

Aber die Menschen begriffen nicht. Das ist oft so, dass Menschen Katzen nicht verstehen. Es liegt daran, dass sie zu laut sind und zu ungeduldig. Sonst könnten sie nämlich die Katzensprache lernen.

So kamen und gingen die Tage und Anemone saß hinter den Mülltonnen. Schnuff aber sonnte sich. Er jagte den Blättern nach und buddelte Löcher in die Wiese.

Dann schloss Anemone die Augen und verschwand in die Welt ihrer Träume. Da lag sie im duftenden Gras, die Bienen summten und alles war weit und gehörte nur ihr.

Doch wenn sie aufwachte, war sie wieder hinter den Mülltonnen. Im Schatten war sie und der Müll roch nicht gut.

„Ach, miau!", seufzte Anemone.

Sie streckte sich, schaute auf ihre Pfoten und fuhr die Krallen aus und ein. Und da, auf einmal, passierte es: Etwas Heißes, Rotes schoss in Anemone hoch. Sie kannte es nicht und darum erschrak sie zuerst.

Ohne es zu wollen, stand sie auf und ging langsam auf die Wiese zu. Schnuff hörte sie sofort. Er erstarrte. Es war, als traute er seinen Augen nicht. Konnte es denn sein, dass diese kleine Katze es wagte …?

„Wau!", schrie er. „Wau-Bau!" Und stürzte auf sie zu.

Anemone erstarrte. Sie blieb einfach stehen, legte die Ohren zurück und machte die Augen schmal. Und als der Hund sie erreicht hatte, vor ihr stand, groß und zottelig und Furcht erregend, da erkannte sie, dass das Rote, Heiße in ihr ihr Zorn war und ihr Mut.

Ganz tief in der Kehle der Katze formte sich ein Kampflied, ein Mordgeheul, das fürchterlich klang. Schnuff wich zurück. Er winselte ein bisschen. Dann machte er sich flach und drückte sich seitlich davon, Zentimeter um Zentimeter.

Anemone verstummte. Ihr aufgeplustertes Fell

glättete sich. Eine Weile wartete sie noch. Dann schritt sie aufrecht in die Mitte der Wiese und ließ sich nieder.

Nicht weit von ihr hockte Schnuff, ein Ohr hochgestellt, und schaute sie an. Und es war Platz für sie beide da im Grünen und die Sonne schien.

„Seltsam", sagten Anemones Menschen nach ein paar Tagen, „was hat sie nur? Es ist, als ob sie immer größer würde!"

Katzenmusik

In der tintenschwarzen Nacht,
Bis des Morgens um halb acht,
Wenn die Vögel alle schlafen
Und die Menschen auch, die braven,
Treffen sich auf weichen Tatzen,
Pelzgekleidet Miezekatzen.

Sitzen oben auf dem Dach,
Lampenaugen hell und wach,
Streifen durch die dunklen Wiesen,
Manchmal hört man eine niesen.
Gehn vorbei an Anemonen,
Wo die nassen Kröten wohnen.

Blinzeln hoch zum Tannenbaum,
Meisen zwitschern leis' im Traum,
Katzen setzen ihre Pfoten
Ins Salatbeet, was verboten,

Hocken sich im Mondlicht nieder,
Und sie singen Katzenlieder.

Schaurig klingt's und wunderbar.
Nachtwind streicht durch Katzenhaar,
Eine Grille, halb im Schlummer,
Weckt den dicken, schwarzen Brummer:
Lass uns lauschen lauten, leisen
Zärtlich bösen Katzenweisen.

Der Mond ist der König der Katzen

Als die Tage kürzer wurden, weil das Jahr zur Neige ging und die Sonne müde war, beschloss der kleine Zauberer nun auch ein wenig auszuruhen. „Ich habe Ferien", erklärte er den Tieren. Er setzte sich auf den untersten Ast einer Buche und baumelte mit den Beinen. „Wenn ich Ferien habe, zaubere ich nicht!"

Da nickten die Tiere und waren einverstanden. Eine Weile war alles friedlich und still. Der kleine Zauberer schaute den Mücken zu und träumte so vor sich hin. Dann aber teilte sich plötzlich das hohe Gras und eine Katze trat hervor. Eine zweite folgte ihr, eine dritte, eine vierte und immer noch mehr. Es war ein langer, langer Katzenzug.

„Miau", rief ein dicker, gestreifter Kater. „Guten Tag, kleiner Zauberer."

„Guten Tag", sagte der kleine Zauberer. „Was wollt ihr denn?"

„Wir möchten einen König wählen", erklärte eine schneeflockenweiße Katze. „Und du sollst uns die Königskrone zaubern."

„Es tut mir Leid", entgegnete der kleine Zauberer, „aber ich habe Ferien."

Und er schloss seine Augen und wollte weiterträumen. Aber da kletterten die Katzen zu ihm hinauf und begannen zu gurren und zu schnurren.

„Ach bitte", maunzten sie, „lieber kleiner Zauberer, mach uns eine Königskrone!"

Und sie umschmeichelten den kleinen Zauberer und drückten ihre samtweichen Pelzköpfe an sein Gesicht. Und weil kein Mensch auf der ganzen Welt den Zärtlichkeiten der Katzen widerstehen kann, wurde auch der kleine Zauberer schwach.

„Also gut", sagte er. „Und wer soll der König sein!"

„Ich!", schrien sie da alle wie aus einem Mund.

Und weil sie sich nicht einig wurden, bekamen sie schließlich Streit. Sie brummten und knurrten, sie fauchten einander an und es dauerte nicht lange, da ohrfeigten sie sich gegenseitig, dass die Fetzen flogen. Das sah so komisch aus, dass der kleine Zauberer vor lauter Lachen vom Baum herunterfiel.

„Halt!", befahl da endlich ein alter, gescheckter

Kater. „So geht es nicht! Hört zu: Wir alle haben in der Dunkelheit leuchtende Augen. Derjenige von uns soll König sein, der am meisten Licht in die Nacht bringt."

„Es gibt nichts Helleres in der Nacht als meine Augen!", schrien sie da alle.

„Wir werden es sehen", meinte der kleine Zauberer.

Und so warteten sie miteinander, bis die Nacht kam. Da versanken die Blumen und die Bäume in der Dunkelheit und nur die Augen der Katzen strahlten ringsumher. Aber sosehr sich der kleine Zauberer auch anstrengte, er konnte nicht feststellen, dass ein Augenpaar heller war als die anderen. Alle schienen ihm gleich.

„Hurra!", schrie er endlich. „Ich hab's! Das Hellste in der Nacht ist der Mond. Er bringt das meiste Licht!"

Und er zauberte dem Mond eine Krone. Eine ganze Nacht lang hat der Mond die Krone getragen, dann ist sie ihm heruntergefallen und niemand hat sie je gefunden.

Aber seitdem ist der Mond der König der Katzen. Für immer und alle Zeit.

Da war eine Stimme

Der Kater lebte schon lange allein. Früher einmal
hatte er in einem Haus bei Menschen gewohnt.
Aber daran konnte er sich kaum mehr erinnern.
Nur manchmal, wenn es kalt war und der Regen
vom Himmel stürzte, überkam ihn ein Gefühl der
Sehnsucht. Dann rollte er sich auf seinem Platz in
dem alten Schuppen zusammen und schnurrte
sich in den Schlaf.
Der Schuppen war ein verfallener Holzbau. Er
stand am Rande des Fabrikgeländes am Fluss. Auf
seiner anderen Seite breitete sich weit und grün
und wild das Land, das die Menschen nicht betra-
ten.
Vögel zwitscherten, Igel schnuffelten in der Dämmerung umher, Eichhörnchen huschten von
Baum zu Baum und dazu gab es Mäuse, so viel ein
Katerbauch begehrte.
Es war ein gutes Jagdrevier. Selten drang eine

fremde Katze ein. Dann plusterte sich der Kater auf, dass er noch größer erschien, als er sowieso schon war, und er stieß seinen Kriegsruf aus. Nur wenn das nicht half, griff er an. Und er siegte immer.

An warmen Tagen sonnte sich der Kater auf der Wiese bei den Holundersträuchern. So sicher fühlte er sich, dass er manchmal auf dem Rücken lag und alle vier Beine in die Luft streckte.

Wenn er ausgeschlafen hatte, putzte er sein Fell, dass es glänzte wie Seide. Er jagte Mücken und Schmetterlinge, schaukelte in Baumwipfeln und starrte in das Geflirr der Luft.

Wenn der Wind von Osten kam, hörte er die Autos auf der fernen Straße. Auch die Geräusche der Fabrik drangen dann zu ihm herüber und ab und zu ein Menschenruf.

Bei Südwind aber sang nur der Fluss und manchmal fiel der Wind in sein Lied ein.

So ging es alle Tage. Die Dämmerung mochte der Kater am liebsten. Ein Käuzchenruf erklang in der Dämmerung, Fledermäuse sausten vorbei und im Dickicht erwachten die kleinen Tiere.

War es dann dunkel, so saß der Kater auf einem Baumstumpf und schaute den Mond an. Und auch seine Augen waren wie Monde, rund und gelb.

Möglicherweise wäre es immer so weitergegangen. Doch dann geschah etwas Ungewöhnliches: An einem frühen Abend, als der Kater im Raschellaub unter der Eiche spielte, erschien ein Mann!

Er war so lautlos gekommen, dass er plötzlich dastand, als wäre er aus dem Moos gewachsen. Der Kater schoss davon. Mit ein paar Sätzen erreichte er den Schuppen und duckte sich unter den Bretterstapel.

Sein Herz klopfte so laut wie der Specht, wenn er in der Baumrinde nach Insekten suchte. ›Tak – tak – tak‹, klopfte sein Herz und vielleicht hatte der Mann das gehört, denn auf einmal hockte er in der Schuppentür.

Sie schauten sich an. Erschreckt schloss der Kater die Augen. Eine Weile geschah überhaupt nichts. Dann war da eine Stimme. Freundlich und sanft war die Stimme, lockend und ganz weich.

Der Kater verstand nicht, was der Mann zu ihm sagte. Aber er hörte ihm gerne zu. Die Worte verbanden sich mit der Sehnsucht, die manchmal in ihm war. Und die Sehnsucht war süß und schwer.

Vorsichtig öffnete der Kater ein Auge. Der Mann hockte da und lächelte. Da machte der Kater auch das zweite Auge auf. Er sah den Mann an und horchte auf das, was er sprach. Und der Kater lächelte auch. Er lächelte und schließlich schnurrte er ein bisschen und es war gut so.

Lange blieben sie zusammen und der Mann versuchte nicht, näher zu kommen. Schließlich ging er und es blieb nur seine Spur im Moos.

Der Kater lebte weiter wie vorher. Er jagte, putzte sich und streckte sich in der Sonne aus. Er lauschte dem Fluss, schaute dem Käuzchen nach und starrte in den Mond. Es war, als ob nichts geschehen wäre.

Und doch war für den Kater etwas hinzugekommen: Da war eine Stimme gewesen. Und die Stimme hatte zu ihm gesprochen.

Katzen, süße Fratzen,
Wo sind sie zu Haus?
Ziehen sie nachts die Pelzmäntel aus?
Und warum sitzen sie auf dem Dach?
Denken sie nach?
Über Mäuseschwänze?
Tanzen sie Tänze?
Im Mondenschein?
Und können Katzen traurig sein?
Warum sind ihre Krallen krumm?
Wo sind sie dann,
Wenn man sie gar nicht finden kann?
Vielleicht ganz fern?
Auf einem winzig kleinen Stern?
Wie zünden sie ihre Lampen an?
Die Lampenaugen. Mit einem Span?
Was träumen sie?
Und warum lachen sie eigentlich nie?
Ob sie ein Taschentuch bei sich tragen?
Man müsste die Katzen mal einiges fragen!

Katzentraum

Der Anton konnte es kaum fassen. Er hatte die Pfoten ausgebreitet und flog. Zuerst flog er immer geradeaus. Dann lernte er, wie er sein Gewicht verlagern musste, um Kurven und Kreise zu fliegen.

Der Anton hatte schon immer ein angenehmes Katerleben geführt. Aber dieses Erlebnis übertraf alles bei weitem.

Hinter einer Buche flatterte ihm plötzlich seine Katzenfreundin entgegen. Sie hieß Miez. Sie flog sehr anmutig und zwischendurch schlug sie Purzelbäume in der Luft.

Die Vögel standen unten auf der Wiese. Sie trugen Schnürschuhe und hatten Musikinstrumente.

„Horch!", flüsterte die Miez und sie ergriff Antons Pfote.

Die Vögel spielten eine Barockmusik. Die hatte Anton immer schon gern gehört.

Es wäre alles wunderschön gewesen, wenn er sich

nicht plötzlich so hungrig gefühlt hätte. Sein Magen knurrte unmusikalisch in das Konzert hinein. Da sah er auf dem hellen Pfad, der sich durch die Wiese zog, eine Bewegung.

„Eine Maus!", sagte er. „Da ist eine Maus!"

Schon setzte er zum Tiefflug an. Dann bemerkten sie es beide gleichzeitig.

„Halt!", schrie die Miez. „Diese Maus ist ein Mensch!"

„Oh, beim Ratz!", sagte Anton. „Wahrhaftig! Diese Maus ist die Frau, bei der ich wohne!"

„Komm wieder rauf!", rief die Miez.

Aber dem Anton war vor Hunger ganz dumm im Kopf. Eine Maus ist eine Maus, dachte er sich, und er segelte immer ein wenig tiefer.

„Anton!", hörte er die Miez.

Dann spreizte er die Krallen und griff zu.

„Anton!", hörte er die Stimme der Frau. „Was träumst du denn bloß?"

Er lag im Sessel. Sie hatte ihn geweckt.

„Willst du nicht essen kommen?"

Kasimir

„Und für morgen schreibt ihr einen Aufsatz", hat die Lehrerin gesagt. „Das Thema ist: Wo mein Freund wohnt."

„Au ja!", rufen die Kinder.

„Mein Freund wohnt in einem Hochhaus!", schreibt Toni.

„Meiner in einer Wohngemeinschaft mit vielen Leuten", das ist der Rollo.

„Mein Freund wohnt in Italien", sagt Friedel, „da ist es immer warm."

Daniel sagt gar nichts. Zu Hause sitzt er vor seinem Blatt und überlegt.

„Mein Freund wohnt im Brotschrank", schreibt er dann. „Das ist nicht richtig und wir finden es schlimm. Aber dann haben wir das Brot rausgenommen, damit mein Freund da drin bleiben kann. Der bleibt nämlich sowieso drin, weil er ziemlich dickköpfig ist. Und mit Gewalt kann man nichts dagegen machen, weil er eine mächtige Beschützerin hat.

Mein Freund heißt Kasimir und hat wunderschöne grüne Augen. Er ist immer gut gelaunt. Und wenn wir miteinander spielen, hält er jeden Ball. Als Kasimir klein war, hat er in der Bratpfanne gewohnt. Aber da hat mein Papa ihn rausgenommen und ernsthaft mit ihm geredet.

›Auch wenn das ein frauenloser Haushalt ist‹, hat mein Papa gesagt, – ›alles kannst du dir nicht erlauben!‹

Vielleicht hat Kasimir das eingesehen. Wir wissen es nicht. Jedenfalls ist er dann umgezogen. In den Brotschrank.

Mein Papa hat auch da ernsthaft mit ihm geredet. Aber Kasimir war nicht zum Ausziehen zu bewegen.

Nun ist es so, dass Kasimir eine Katze ist. Und mit Katzen muss man sehr behutsam sein, sagt mein Papa. Schon auch, weil Baste über sie wacht.

Baste ist die mächtige, altägyptische Katzengöttin. Die kann einem ganz schön Scherereien machen. Wie diesem Nachbarn, dem Ekel, der seine Katze hauen wollte. Der ist ausgerutscht und auf die Nase gefallen!

Na ja, wir sind natürlich nicht nur wegen Baste freundlich zu Kasimir. Kasimir ist unser bester Freund und wir lieben ihn.

Das bedeutet, dass er auch so ziemlich alles darf, was er will. Und so kommt es, dass Kasimir im Brotschrank wohnt."

Die Katze weiß mehr

Am Morgen,
Wenn die Nacht geht –
Wohin geht die Nacht?
Weiß es der Baum?
Nein, der Baum weiß es nicht.
So viele Fragen!
Das Dämmerlicht,
Trinkt es die Farben?
Was träumt der Has?
Was denken die Mäuse?
Was tut der Maulwurf unter dem Gras?
Wie fühlt sich ein Regenbogen an?
Wenn der Mond in den Fluss fällt,
Was macht man dann?
Klingen die Sterne?
Sind Fische stumm?
Oder sind sie nur leise?
Sind Frösche dumm?

Gibt's keine Antwort?
Wer kann das sagen?

Das Lampionauge.
Die Sammettatze.
Die kann man fragen,
Die weiß es – die Katze!
Sie kann wie keiner ins Dunkel sehn.
Vermag unbemerkt über Grenzen zu gehn.
Geheimnisvolle
Baldriantolle
Prinzessin im Pelz.
Liest kein Buch, hat kein Geld,
Aber sie weiß die Welt
Mit ihren Sinnen –
Die Welt von innen.

Zweiundzwanzig kleine Katzen

Elf kleine Katzen wohnten in einem zerfallenen Haus. Fünf waren grau, drei schwarz, zwei weiß und eine kunterbunt. Niemand kümmerte sich um sie. Sie spielten miteinander, wuschen sich die Ohren und versuchten Mäuse zu fangen. Aber die Mäuse waren nicht so dumm.

Sie blieben in ihren Löchern. Deshalb hatten die kleinen Katzen immer Hunger. Tag für Tag saßen sie in der Sonne und miauten. Und wenn es regnete, miauten sie im Regen. Ihr Haus wackelte bei jedem Windstoß. Vom vielen Wackeln wurde es mit der Zeit so schief, dass es zusammenzubrechen drohte. Aber die Menschen, die vorübergingen, dachten sich nichts dabei.

An einem Morgen, als die kleinen Katzen besonders laut miauten, blieb ein Junge bei ihnen stehen. Er hielt ein Wurstbrot in der Hand. Da wollten alle kleinen Katzen mitessen. Aber noch ehe der Junge mit ihnen teilen konnte, schlug die kunterbunte Katze blitzschnell ihre Krallen in das Brot und verschwand damit. Zehn kleine Katzen liefen hinter ihr her.

Von nun an fütterte der Junge die kleinen Katzen jeden Tag. Darüber freuten sie sich und sie schnurrten. Das hörte sich an, als habe jede von ihnen einen Motor im Bauch. Aber der Junge konnte sich nicht freuen. Er sah voller Angst, dass das Haus immer schiefer wurde.

Im Herbst bekamen alle kleinen Katzen winzig kleine Katzenkinder. Fünf waren grau, drei schwarz, zwei weiß und eines kunterbunt. Der Junge aber konnte nicht genug Futter für zweiundzwanzig kleine Katzen beschaffen. Sie wurden alle nicht mehr satt. Außerdem kriegten sie nasse Füße, denn das Haus hatte viele große Löcher und auch ein paar kleine, durch die es hereinregnete.

Nachts, wenn der kalte Herbststurm kam, drängten sich alle kleinen Katzen dicht aneinander. Aber so richtig warm wurden nur die beiden kunterbunten Katzen, denn die hockten immer in der Mitte.

Das Haus wackelte mehr und mehr. Man konnte

hören, wie es in den Mauern ächzte. Im Oktober
hatten alle kleinen Katzen den Schnupfen.
Aber soviel der Junge auch überlegte, er wusste
nicht, wie er ihnen helfen sollte.
Zwei Tage lang ging er vor dem Haus hin und her
und dachte nach. Dann fiel ihm endlich etwas ein.
Er nahm ein Stück Kreide und schrieb große
Buchstaben an die Wand. Es dauerte nicht lange,
da blieben die Leute stehen und lasen:

HIER WOHNEИ 22 KLEINE KATZEN, DIE
HUNGER UИD SCHNUPFEN HABEN, UND
WEИИ Ⱨ DAS HAUƧ EIИSTÜRZ SIND ALLE
TOT.

Die Leute beschlossen den kleinen Katzen zu
helfen, denn sie hatten alle gute Herzen. Der
Maurermeister holte neunundneunzig Steine und
begann die Löcher zuzumauern. Auch die ganz
kleinen.
Der Zimmermann brachte dicke Balken, um das
Haus zu stützen, der Schreiner eine Tür, der
Dachdecker Ziegel und der Glaser blitzeblanke
Fensterscheiben.
Die Frauen nähten zweiundzwanzig Kissen und
holten zweiundzwanzig Schüsselchen. Und der

Fleischer legte in jedes Schüsselchen ein Stück Fleisch und versprach, das nun alle Tage zu tun. Der Milchmann brachte Milch, der Apotheker Schnupfensalbe und der Maler nahm alle seine Farbreste und malte das Haus an.

Die kleinen Katzen wurden vor Freude ganz übermütig. Sie stellten die Schwänze hoch und trieben lauter dummes Zeug. Eine spielte mit dem Nähgarn, bis sie sich völlig darin eingewickelt hatte, zwei fingen Fliegen und eine warf den Topf mit den Schrauben um. Da mussten alle Leute eine Viertelstunde lang Schrauben aufheben.

Zwei kleine Katzen leckten an der Schnupfensalbe, eine steckte den Schwanz in die himmelblaue Farbe und eine andere saß dem Glaser auf dem Kopf. Und weil der mit beiden Händen eine Fensterscheibe hielt, konnte er nichts dagegen tun.

Drei kleine Katzen hockten im großen Zimmermannshut und die anderen standen im Weg. Nur die kunterbunten Katzen waren artig. Sie hatten zu viel gegessen und nun taten ihnen die Bäuche weh.

Gegen Abend war alle Arbeit getan.

Wunderschön sah das Haus aus. Nun würde es hundert Jahre halten und vielleicht sogar noch

länger. Die Leute steckten die Hände in die Ta-
schen und freuten sich. Und die kleinen Katzen
saßen auf ihren Schultern und freuten sich auch.
Da nahm der Junge ein Stück Kreide und schrieb
an die Wand:

HIER WOHNEN 22 KLEINE KATZEN. SIE
HUNGERN NICHT UND FRIEREN NICHT,
DENN ALLE LEUTE SIND NETT

Und dahinter machte er einen dicken ●

Kater Mumpf trägt keine Badehose

„Alle sind fort", sagte Tipsy.

Tante Josefin warf einen Pfannkuchen in die Luft. „Wer?", fragte sie.

„Die Leute", antwortete Tipsy.

„Wo sind sie denn?", wollte Tante Josefin wissen.

„Sie sind in Urlaub gefahren", erklärte Tipsy. „Der Polizist an der Ecke, die Blumenliese und sogar der Zeitungsjunge."

Tante Josefin dachte nach. „Wollt ihr auch verreisen?", fragte sie, als sie nachher am Tisch saßen.

Der Kater Mumpf gähnte. Er stellte sich das anstrengend vor. Tipsy aber kriegte große Augen.

„Ja!", rief sie. „Ich will ans Meer! Wie ist das Meer?"

Tante Josefin schloss die Augen und stellte sich das Meer vor. „Also", begann sie, „es ist groß und besteht aus Wasser. In dem Wasser ist Salz."

„Ist es schön?", wollte Tipsy wissen.

„Sehr", nickte Tante Josefin.

„Aber wie kommen wir hin?", überlegte Tipsy.

Da fiel Tante Josefin das alte Fahrrad ein. Sie gingen in den Keller und schauten es an. Sehr schön war es nicht mehr.

„Aber es ist ein Fahrrad!", sagte Tante Josefin.

Und das stimmte. Sie packten ihre Sachen ein. Tante Josefin nähte noch schnell eine Badehose für den Kater Mumpf. Rot mit weißen Streifen. Dann pumpten sie das Vorderrad und das Hinterrad auf und fuhren los. Mumpf saß in einem Körbchen, das an der Lenkstange hing, und Tipsy auf dem Gepäckträger.

Tante Josefin fuhr im Zickzack. Das lag daran, dass sie schon lange nicht gefahren war. Außerdem musste sie mit einer Hand ihren großen Hut festhalten. Tipsy sang. Nach fünf Minuten hielten sie an und pumpten neue Luft in die Reifen.

„Na ja!", sagte Tante Josefin.

„Wie weit ist es zum Meer?", fragte Tipsy, nachdem sie während der letzten zehn Minuten noch dreimal Luft gepumpt hatten.

„Ich fürchte, es ist noch weit."

„Wir können ja auch in die Berge fahren", schlug Tipsy vor.

Tante Josefin nickte. „Aber das ist noch viel weiter", sagte sie dann.

„Die Heide ist auch hübsch", grübelte Tipsy. Aber eben in dem Augenblick sahen sie das Schild. „Schwimmbad Frohgemut", stand da. Kurz entschlossen steuerten sie darauf zu.

Im Schwimmbad war das Wasser blau. Es roch nach Sonnenöl und alle Leute freuten sich. Da freuten sich Tipsy und Tante Josefin auch. Was machte es schon aus, dass Mumpf seine Badehose nicht anziehen wollte! Tipsy platschte fröhlich im Wasser herum. Sie lag in der Sonne und wünschte sie Schatten, so setzte sie sich unter Tante Josefins großen Hut.

„Manchmal ist man so glücklich", seufzte Tipsy, „dass einem nichts mehr fehlt als ein rotes Lutschbonbon!"

Tante Josefin wollte nicht, dass Tipsy etwas fehlte. Sie kaufte ihr ein Lutschbonbon, das rot war wie Feuer. Träge verrann die Zeit.

„Es war so schön", sagte Tipsy am Abend. „War es nicht wie am Meer?"

„Genau!", antwortete Tante Josefin. „Nur ein bisschen kleiner und nicht so salzig."

In einer ganz bestimmten Nacht,
Am zweiunddreißigsten Mai,
Haben die Katzen Zaubernacht
Und alle Wünsche frei.

Der Kater Purr knöpft sein Pelzchen auf,
Ihm ist es immer so warm.
Und eine Katze namens Schnauf
Geht mit dem Hund per Arm.

Minkipunk trinkt die Milchstraße leer.
Tip-Tobby küsst eine Maus.
Und der dicke, gescheckte Per
Pustet die Sterne aus.

Mauke und Minkel lachen laut.
Wuschemusch schaukelt im Mond.
Pussi schmückt sich mit Wiesenkraut.
Pam baut ein Haus und wohnt.

In einer ganz bestimmten Nacht,
Am zweiunddreißigsten Mai,
Haben die Katzen Zaubernacht
Und alle Wünsche frei.

Ich heiße nicht Johannisbeer

Die Welt ist voller Katzen. Man merkt das bloß nicht so, weil sie eben Katzen sind: samtpfotenleise, flink wie Gedanken und scheu.

Trotzdem sind sie beinahe überall. Auf Dächern und Baumwipfeln, unter Schränken und Hibiskussträuchern, in Bücherregalen, Hutschachteln, Wäschekörben und hinter den Mülltonnen.

Dann gibt es aber auch freche Katzen. Die liegen auf seidenen Sofakissen, in Speisekammern sitzen sie, vor den Kühlschränken und mitten auf dem Tisch.

So eine Katze war der kleine Kater nicht. Er war eine Katze ohne festen Wohnsitz. Und soweit er sich erinnerte, war er das immer schon gewesen.

Tag für Tag lief er in der Stadt umher, suchte sich Futter und wuchs ein bisschen. Manchmal fand er nichts Essbares. Dann knurrte sein Magen. Aber das machte ihm nicht so viel aus.

Es gab etwas anderes, das ihn bedrückte – er hatte keinen Namen. Oder besser, er wusste seinen Namen nicht. Denn der kleine Kater war sich ganz sicher, dass es einen Namen für ihn gab.

Immer gegen Abend, wenn Fütterungszeit war, riefen die Menschen in der Stadt ihre Katzen ins Haus.

„Isidora!", riefen sie, „Minkiputz – Schnurrli – Mauzi-Brumm", und wie die Katzen alle hießen.

Dann legten die Katzen die Ohren an und sausten los. Hinter den Garagen schossen sie hervor, unter den Holunderbüschen, aus allerlei Winkeln und Gärten, aus Kellerfenstern und fremden Schlafzimmern. Sie jagten um die Ecken, tropften von den Ästen der Kastanienbäume und waren schon daheim.

Der kleine Kater schaute sich das an. Er hieß nicht Isidora. Minkiputz hieß er auch nicht, nicht Schnurrli und nicht Mauzi-Brumm.

Wie aber hieß er? Wer wusste seinen Namen?

Im Frühling waren die Leute gut gelaunt. Sie freuten sich, dass sie warme Füße hatten und dass statt der Eisblumen nun endlich bunte Blumen blühten. So sprach auch hin und wieder jemand den kleinen Kater an.

„Na, du?", oder: „Sss!"

Und eine Frau schenkte ihm eines Tages sogar ein Stück Leberwurst. Der kleine Kater aß es auf. Dann ging er in den Park, um zu schnurren.

Im Park roch es nach Tauben und Gras und nach Abfall. Irgendwo zwischen Blumen und Blüten traf der Kater einen Jungen. Es war ein netter Junge.

Vielleicht weiß er meinen Namen, fiel es dem kleinen Kater ein. Er wünschte es sich sehr.

„Komm", sagte der Junge leise. „Miez", sagte er. „Miez-Miez."

Da lief der kleine Kater fort. Er hieß nicht Miez! Miez hieß er ganz sicher nicht.

Bei den alten, kaputten Autos fing der Kater manchmal eine Maus. Manchmal fing er auch keine. Dafür traf er eines Abends einen Hund. Der Hund war schon älter und ziemlich friedlich. So unterhielten sie sich ein wenig auf Katz-hundlich miteinander.

„Hast du einen Namen?", fragte der Kater.

„Natürlich", brummte der Hund. „Ich heiße Wuff."

„Und ich?", wollte der kleine Kater wissen. „Kannst du sagen, wie ich heiße?"

Der Hund blickte ihn lange an.

„Hm", machte er, „vielleicht Johannisbeer?"

„Nein, Johannisbeer heiße ich nicht. – Noch nie hat mich jemand bei meinem Namen gerufen. Ich weiß überhaupt nicht, wer ich bin."

„Na ja", sagte der Hund. „Ich weiß, wer ich bin. Ich bin der Wachhund hier. Wenn du magst, kannst du bei mir bleiben."

„Brätst du mir auch kleine Frikadellen?", fragte der Kater. Manche Leute machten das für ihre Katzen, das wusste er.

„Ich glaube, du tickst nicht richtig", sagte der Hund. „Johannisbeer, du spinnst."

Da drehte sich der Kater um und ging.

Als der Löwenzahn im Park verblüht war und alle Samensegel fortgeflogen waren, verließ der Kater die Stadt. So viele Menschen gab es hier, aber nicht einer hatte ihn erkannt und mit seinem Namen angesprochen!

Der kleine Kater lief und lief und an einem frühen Abend kam er auf dem Land an. Es war nicht mehr hell und noch nicht dunkel.

Überall auf den Wiesen, bei den Scheunen und am Waldrand huschten die Dämmerungstiere herum. Sie fiepten und gurrten, scharrten und brummten, winselten und keckerten, und dazu schlichen sie und hüpften, duckten sich und schlugen Purzelbäume.

Genau sehen konnte man sie nicht. Der kleine Kater fand das sehr aufregend. Von jetzt an schlief er am Tag und stand mit dem frühen Abend auf. So wurde er selber ein Dämmerungstier. Und allmählich schien er seinen Kummer zu vergessen.

Der Sommer kam, wild und bunt. Der Kater jagte den Hummeln und Schmetterlingen nach und genug zu essen fand er auch.

Tag und Nacht sprang er nun herum und wenn er müde wurde, schlief er ein, wo er eben war. Die Gräser auf den Wiesen wippten wie im Tanz, die Blätter der Bäume raschelten und im Bach spielten die Fische.

Wenn es einmal regnete, rollte sich der Kater in einer Höhle zusammen und schnurrte und träumte. In seinen Träumen wusste er, dass es etwas gab, wonach er auf der Suche war. Aber Träume sind spinnwebfein. Der Sommerwind riss sie entzwei und verwehte sie irgendwohin.

In all diesen Tagen und Wochen war der Kater glücklich.

Der Sommer wurde müde. Gräser und Blumen verblassten und die Luft kühlte ab.

Da traf der Kater in einer Mondscheinnacht einen Menschen. Es war ein Landstreicher. Er saß an einen Baum gelehnt und trank aus einer Flasche. Dem Kater fiel wieder ein, wie sehr er sich danach sehnte, seinen Namen zu kennen. Vielleicht wusste der Mann ihn?

Vorsichtig schlich er näher. Dann stellte er die Ohren hoch und lauschte. Doch der Landstreicher schwieg. Weil er aber sein Wurstbrot mit dem Kater teilte, blieben sie beieinander.

Ein Käuzchen schrie. Und über ihren Köpfen löste sich ein erstes Blatt und sank langsam herab.

Von nun an trafen sie sich jeden Abend, der Landstreicher und der Kater. Sie saßen da und schwiegen miteinander. Die Bäume standen nun wie rote und gelbe Fackeln. Ganz plötzlich kam ein fremder Wind und zupfte ihnen die Blätter ab.

Es war, als ob der Wald leise zitterte, und der Regen klang nicht mehr leichtfüßig wie im Sommer. Es wurde Herbst.

Manchmal war es jetzt so kühl, dass der Mann und der Kater sich aneinander kuschelten, um nicht zu frieren.

Eines Morgens schnürte der Landstreicher seine Schuhe fest und brach auf.

„Komm mit", sagte er.

Doch als der Kater die Stadt in der Ferne sah, blieb er stehen. Dahin wollte er nicht.

Nun war der Kater allein. Der Landstreicher war fortgegangen. Die Dämmerungstiere träumten längst in ihren Höhlen unter der Erde. Die Zeit der Dunkelheit und der Kälte kam.

Stunde um Stunde klangen die Regentrommeln und der Sturm jaulte und schrie. Dann fiel Eis vom Himmel. In den Nächten drückte der Frost den Blumen die Köpfe zu Boden. Schatten regierten. Selbst die Schlafbäume schienen dunkle, böse Gespenster geworden zu sein.

Der Kater irrte umher und mauzte und klagte.

Sehr plötzlich wurde es still. Es war, als hielte alles ringsum den Atem an. Wolken drängten sich grau am Himmel wie ein Rudel Wölfe. Bald würde es schneien.

Der Kater hatte seit Tagen kein Futter gefunden. Er begriff, dass er hier nicht länger bleiben konnte. Und weil er nicht wusste, wohin er sich wenden sollte, ging er mit dem Bach.

Weit war der Weg, bis der Bach in einen Fluss mündete. Von da ab folgte der Kater dem Fluss. Das Wasser schäumte grau und wild.

Doch in einer Biegung hielt der Fluss eine Hütte umfangen, als wollte er ihr Schutz geben.

Der Kater stand und schaute.

Da wurde die Hüttentür geöffnet und eine Frau kam heraus. Es hatte zu schneien begonnen.

„Katz!", sagte die Frau. „Komm, Katz."

Das war sein Name! Der Kater wusste es sofort. Die Frau hatte seinen Namen gerufen. Es war ja vielleicht nichts Besonderes, Katz zu heißen. Aber darauf kam es nicht an.

Im Herzen fühlte der Kater, dass er gemeint war. Er, und niemand außer ihm auf der ganzen Welt! Sein Name war Katz. Und die Frau hatte ihn erkannt. Sie wusste, wer er war.

Vor lauter Glück fühlte der Kater sich wie verzaubert. Ganz still stand er da und schaute. Mitten im Schnee stand er.

Und da steht er immer noch. Aber gleich, sehr bald, wird er hineingehen zu der Frau, die seinen Namen kennt. Er wird hineingehen und bei ihr bleiben.

Und wer weiß, vielleicht brät die Frau ihm sonntags kleine Frikadellen.

Nero wird erwachsen

„Haben Sie eine Katze gesehen?, fragte Jonas die Leute auf der Dorfstraße.

Die Leute hatten viele Katzen gesehen. Aber der Beschreibung nach war Nero nicht dabei. Nero war ein schwarzer Kater mit grünen Augen. Nero und Jonas waren Freunde. Immer waren sie zusammen gewesen. Und nun war Nero auf einmal fort.

„Haben Sie eine Katze gesehen?", fragte Jonas.

Nero saß hoch oben im Kirschbaum. Das dichte Laub verdeckte ihn. Nero döste vor sich hin. Ab und zu summte eine Biene an ihm vorbei oder ein Blatt raschelte. Dann öffnete er die Augen ein wenig, um sie gleich wieder zu schließen. Er saß auf einem Ast, den der Wind ganz sacht schaukelte. Alles war vollkommen in Ordnung. Nichts sollte anders sein.

„Nero!", rief Jonas. „So komm doch, Nero!"

Der Kater gähnte. Das war Jonas. Jonas rief nach ihm. Jonas war sein Freund. Sie konnten wunderbar miteinander spielen. Aber Nero fing an erwachsen zu werden. Es gab nun auch anderes neben Jonas. Nero war auf diesen Baum gestiegen. Und hier wollte er jetzt sein.

Jonas mochte nicht zu Abend essen, obschon es Kartoffelpuffer gab.

„Er wird schon wiederkommen", sagten die Eltern. „Trink deinen Saft."

Dann schickten sie ihn ins Bett. Jonas lag im Bett und weinte. Bis er entschlossen aufstand und zum Fenster hinausstieg. Er lief auf nackten Füßen durch das nasse Gras.

„Nero!", flüsterte er in die Nacht.

Aber es waren nur Fledermäuse und Käuzchen unterwegs. Als Jonas dreimal geniest hatte, stieg er wieder zum Fenster hinein.

Auf seinem Bett lag Nero!

„Du!", sagte Jonas und er nahm Nero ganz fest in beide Arme. Der Kater schnurrte. Alles war vollkommen in Ordnung. Hier wollte Nero jetzt sein.

Drei himmelblaue Schnurrekatzen
Verschränken ihre Katzentatzen
Und machen „klapp" die Augen zu.
Sie heißen Bim und Bam und Bu.
Sie träumen einen Katzentraum:
Grau-Mäuschen sitzt im Birkenbaum
Und spielt auf einem Saxophon.
Ein Vogel wird aus jedem Ton.
Das fliegt und flattert durch die Luft
Und zwischendurch ist Bratenduft.
Vom Himmel regnet Milch herab.
Drei Katzenzungen fahren „schlapp"
Genüsslich um drei Katzenschnäuzchen.
Dann schreit im nahen Wald ein Käuzchen,
Drei Schnurrekatzen werden wach.
Es war nur Traum. Wie traurig. Ach!

Moses und der Fremde

Moses war der Herr der Dächer. Er war ein riesiger weißer Kater mit grauen Pfoten, grauen Ohren und einem grauen Fleck über dem linken Auge. Tagsüber wohnte Moses bei dem alten Klabunke in der Dachwohnung. Sein eigentliches Leben aber lebte er in den Nächten. Dann schritt er einsam über die Dächer, den mächtigen runden Kopf hochgereckt. Er kannte alle Geräusche und Gerüche. Jeder Dachziegel und jede Luke waren unter seiner Kontrolle.

Moses war alt. Die närrische Zeit, in der er Vögel gejagt hatte, war vorüber. Jetzt konnte er viele Stunden bei den Fernsehantennen auf dem Flachdach liegen, die Vorderpfoten verschränkt und den Blick nach innen gerichtet, in die Tiefen seiner Katzenpersönlichkeit.

Moses brauchte niemanden und nichts. Er war sich selber genug. Trotzdem passierte eines Tages etwas völlig Unvorhergesehenes: Eine Katze tauchte auf den Dächern auf.

Es war ein schmaler, hochbeiniger Kater mit schwarzem Fell und weißen Pfoten. Moses glaubte zuerst an einen Traum. Aber dann kam der Fremde näher, vorsichtig, als fürchte er einzubrechen.

Moses verengte die Augen und knurrte. Er ließ seine Schwanzspitze zucken, was verkündete, dass er aufspringen und angreifen würde.

Der andere blieb stehen. Dann setzte er sich in einigem Abstand hin und blickte in die entgegengesetzte Richtung. Moses schloss die Augen. Heimlich aber blinzelte er immer wieder zu dem Schwarzen hinüber. Gegen Morgen war der plötzlich verschwunden.

Aber der Schwarze kam nun jede Nacht. Anfangs brummte Moses noch. Dann duldete er den anderen, der ihm niemals zu nahe kam. Und in einer dieser Sommernächte ertappte sich Moses dabei, dass er nach dem Fremden Ausschau hielt.

Wenig später, als der Mond rund war, hatte sich Moses entschlossen: Er stand auf und stieß einen lockenden Ruf aus. Dann schritt er voran und der andere folgte ihm. Moses zeigte dem jungen Kater die Dächer.

Woher die Träume kommen

„Tipsy", sagte Tante Josefin nun schon zum dritten Mal, „du musst ins Bett!"

Tipsy hörte nicht zu. Sie stand am Fenster und schaute hinaus.

„So geheimnisvoll ist die Nacht", sagte sie. „Aber immer, wenn sie kommt, soll ich ins Bett. Ich weiß überhaupt nicht, was nachts los ist."

Tante Josefin überlegte einen Augenblick.

„Also gut", meinte sie dann. „Wir wollen einen Nachtspaziergang machen."

Sie warteten, bis es ganz stockdunkel war, dann gingen sie los. Tante Josefin, Tipsy und der Kater Mumpf.

„Mumpfs Augen leuchten ja wie Laternen", wunderte sich Tipsy. „Warum ist das so?"

„Vermutlich, damit keiner auf ihn drauftritt", meinte Tante Josefin. „Mumpf ist ja ziemlich klein."

Der Mond glich einer blassen Orangenscheibe. Ein bisschen schief hing er zwischen den Sternen. „Oh!", staunte Tipsy. Aber dann flatterte ihr etwas um den Kopf und sie erschrak.

„Eine Fledermaus", sagte Tante Josefin. „Jetzt fliegt sie rund um die Laterne."

Es war sehr still. Tipsy schaute zu den Häusern empor. Was die Menschen wohl tun hinter den erleuchteten Fenstern? „Sind sie glücklich?", wollte Tipsy wissen.

Tante Josefin nickte. „Manche sind glücklich. Horch, irgendwo klingt Musik."

„Und drüben verlöscht ein Licht", sagte Tipsy. „Jemand ist müde geworden. Hoffentlich träumt er schön. Woher wohl die Träume kommen?"

„Wir tragen sie in uns", sagte Tante Josefin. „Aber sie sind sehr zart. Und so nehmen wir sie erst wahr, wenn es still um uns wird."

Sie gingen weiter bis in den nächtlichen Park. Da huschte es raschelnd durchs Laub.

„Ein Igel!", staunte Tipsy. „Ein richtiger Igel!"

„Der hat den ganzen Tag geschlafen", lachte Tante Josefin, „jetzt wird er munter."

Als sie an den Bänken vorbeikamen, blieb Tipsy plötzlich stehen. Da saß doch jemand!

„Bist du traurig?", fragte Tipsy den Mann, der den Kopf in die Hände gestützt hatte.

„Hm", brummte der Mann.

„Warum denn?", wollte Tipsy wissen.

„Na ja", sagte der Mann, „nur so."

Da holte Tipsy ein Zitronenbonbon aus ihrer Tasche. „Schenk ich dir", sagte sie.

Der Mann lächelte wahrhaftig ein bisschen.

Schweigend gingen Tante Josefin und Tipsy weiter. Mumpf war auf Tante Josefins Arm eingeschlafen. Plötzlich fiel ein Stern vom Himmel.

„Du darfst dir was wünschen", sagte Tante Josefin.

Tipsy überlegte. Kein einziger Wunsch wollte ihr einfallen. Da dachte sie wieder an den Mann auf der Bank. Dass er aufhörte traurig zu sein, wünschte sie, und dass ihm das Zitronenbonbon nicht zu sauer war!

„Hörst du das Käuzchen?", fragte Tante Josefin. „Was ruft es?"

Tipsy horchte.

„Ins Bett!", übersetzte Tante Josefin. „Ins Bett!"

„Na gut", gähnte Tipsy.

Am Ende der Welt steht ein alter Baum,
Der ist wie ein riesiges, grünes Haus.
Aus seinen Lauben schaun Kätzchen heraus,
Die wiegen sich dort im Traum.

Die Blätter am Baum kämmt der Abendwind,
Das klingt wie ein zärtliches, süßes Lied.
Oben im Wipfel das Katzenkind,
Als Erstes die Sterne sieht.

Und breitet die Nacht ihren Mantel aus,
Dann singen die Katzen im Schnurre-Chor.
Im Wurzelhäuschen die kleine Maus,
Schließt eilig das Blättertor.

Zauberhafte Vorlesegeschichten von Gina Ruck-Pauquèt

ISBN 3-491-37449-9

ISBN 3-491-37417-0

ISBN 3-491-37407-3

ISBN 3-491-37432-4

PATM Verlags